# 100 Sachen DRAUSSEN machen

Judith Drews & Lilli Baltzer

# 100 Sachen DRAUSSEN machen

VERLAGSHAUS JACOBY STUART

# Ab nach draußen!

Was gibt es Schöneres, als in der Natur zu spielen? Pack einfach etwas zu Essen und Trinken, vielleicht ein paar Stifte oder Kreide, eine Schnur und ein Taschenmesser in deinen Rucksack und ab gehts nach draußen. Ganz egal, ob im Park, an der nächsten Straßenecke oder im Wald am Dorfrand oder am nächsten Bach oder am Meer oder in den Bergen – in der Natur gibt es immer etwas zu erforschen und überall kannst du spielen und Spaß haben.

Viel Spaß dabei wünschen
Judith & Lilli

# Inhalt

# FRÜHLING

1

# HOLZKETTEN

Augen auf beim nächsten Spaziergang, dann findest du sicherlich Holzstücke, die bereits ein Loch haben. In Holz- oder Rindenstückchen ohne Loch lassen sich mit einem Holzbohrer Löcher bohren und tolle Ketten machen.

# TIC TAC TOE

Schätze sind überall versteckt, auch im Park. Du wirst dich wundern, was du alles finden und sammeln kannst. Kleine Sammlungen anzulegen macht nicht nur Spaß, sondern ist auch für die Umwelt gut.

3

# ZEICHENKOHLE

Du brauchst Glut und einen langen Stock, den du mit dem einem Ende ins Feuer hältst. Wenn die Spitze schön angekokelt ist, kannst du auf Steinen damit malen. Wenn es um Feuer geht, IMMER Vorsicht und Umsicht walten lassen, auch sollte immer ein Erwachsener beim Feuermachen dabei sein.

# JAHRESZEITENHERZ

Schau was der Waldboden alles hergibt und such eine freie Fläche um ein Herz aus Stöcken zu legen. Alle deine Funde kannst du nun in dem Herz anordnen. Je nach Jahreszeit wird es völlig anders aussehen, und Spaziergänger werden sich daran erfreuen.

# SCHATZSUCHE

In jedem Park lassen sich „Schätze“ finden. Schau mal, was du alles findest und ordne es. Wenn du am Ende alle gefunden Sachen mitnimmst, hast du ganz nebenbei auch etwas für die Umwelt getan!

6

# HOLUNDERKETTE

Du brauchst Holunderäste, einen dünnen harten Zweig oder Holzstäbchen, Taschenmesser, Faden und Muscheln. Schneide den Holunderast in Stücke, entferne mit dem harten Zweig (oder Holzstäbchen) das weiche Innere. Die Muschel mit dem stark gewölbten Ende so lange auf einem Stein reiben, bis ein Loch entsteht (so springt die Muschel nicht kaputt). Nun die Holunderstücke und Muscheln auffädeln.

# KÄTZCHEN

Weiden lieben Wasser und feuchten Boden, darum wachsen sie oft an Flussläufen oder am Moor. Um die weichen Weidenkätzchen zu sammeln, kannst du aus einer Streichholzschachtel ganz einfach ein schönes Heim für sie bauen.

# WALDHOTEL

Sammle viele Äste, Tannenzapfen, Zweige – eben alles, was der Waldboden so bietet. Lege die dicken Äste reihum im Rechteck aufeinander und baue den Turm immer höher. Den Innenraum kannst du nun für Tiere einrichten. Hier ist die Fantasie gefragt!

9

# NUMMERNSPIEL

Sicherlich kannst du schon Zahlen schreiben.
Sie lassen sich aber auch legen aus leckeren Früchten, Samen, Blättern und vielen anderen Dingen, die du draußen findest.

10

# LAVENDELZUCKER

Du brauchst getrocknete Lavendelblüten, Zucker und ein Schraubglas. Entferne die getrockneten Lavendelblüten von den Stielen und gib sie dann abwechselnd mit Zucker in das Glas. Lass es ein paar Tage stehen, und der Zucker wird nun den Duft und Geschmack des Lavendels annehmen. Der Lavendelzucker wird wie Vanillezucker benutzt, z. B. auf Apfelspalten oder Milchreis.

11

# HÜHNERGOTT

Am Strand kannst du Steine mit einem Loch finden, die sogenannten Hühnergötter. Meistens handelt es sich um Feuersteine, in denen Kreide eingelagert war, die herausgespült worden ist. Trage sie als Glücksbringerkette!

12

# SCHIEFERTAFEL

Schiefer ist ein tolles Gestein! Du kannst mit einem Stück Schiefer auf einem anderen Stück Schiefer schreiben – so wie die Kinder in früheren Zeiten es in der Schule getan haben. Mit Wasser lässt sich Geschriebenes einfach abwischen.

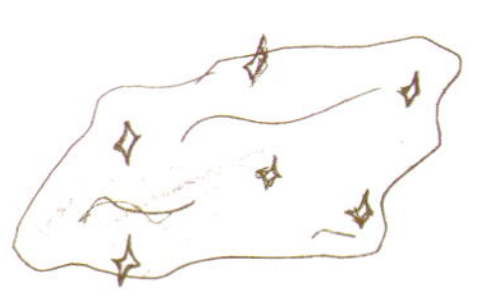

13

# BRÜCKENBAU

Gibt es in deiner Nähe ein kleines Bächlein? Auch ein mooriger Ort eigentlich sich gut, um mit dicken Ästen und Zweigen eine Brücke zu bauen!

# STOCKZELT

Um ein Tipi um einen Baum zu stellen, benötigst du lange große Äste. Verkeile es gut (am besten mit der Hilfe von Erwachsenen). Mit abgefallenen Zweigen immer weiter zubauen und danach den Innenraum einrichten. Ein Pfad aus Rindenstücken o. Ä., der dort hinführt, sieht auch toll aus!

# BLUMENORAKEL

Sie liebt mich, sie liebt mich nicht, dieses Spiel kennt wahrscheinlich jeder. Übrigens: Gänseblümchen schließen sich nachts und bei Regen. Sie schützen so ihren Stempel und die Staubblätter.

# BLÜTENFARBE

Blütenblätter lassen sich auch zum Malen und Färben benutzen, nämlich indem du sie auf Papier reibst. Das entstandene Bild kannst du dann aufhängen oder auch gut als Briefpapier benutzen.

# ZAPFENTIERE

Geöffnete Kiefernzapfen werden ganz leicht zu Tieren indem du z. B. halbe Nussschalen als Ohren hineinsteckst. Mit einem Stift lassen sich Augen aufmalen und fertig ist die Maus. Welche Tiere kannst du noch bauen? Probier es aus!

# KOMPASS

Die Erde ist von einem Magnetfeld umgeben. Mit dem Kompass kannst du dich orientieren, da sich die Nadel immer nach Norden ausrichtet – ganz egal, wo du dich befindest.

# RÄUBERHÖHLE

Im Wald gibt es jede Menge Material zum Bauen von Räuberhöhlen in allen Größen und Formen – und im Wald gibt es natürlich auch die Bauten der Tiere, z. B. den Hasenbau, Dachsbau oder Fuchsbau. Hast du schon mal einen entdeckt?

# KLEBHERZ

Mit Klebkraut (wird auch Klettkraut genannt) lässt sich ganz viel lustiger Unfug machen. Nicht nur die Samen bleiben an der Kleidung haften, sondern auch die grünen Teile der Pflanze.

# FARBSPIEL

Du brauchst Kreide in verschiedenen Farben und Funde aus der Natur. Mal mit den verschiedenen Kreiden Farbfelder auf den Boden, dann sammelst du in deiner Umgebung Blätter, Steine, Blüten etc. Nun versuchst du, die gefundenen Sachen einem Farbfeld zuzuordnen und legst sie auf das Feld.

# WIKINGERBUCHT

Am Ufer eines Sees findest du sicher eine Menge Äste. Aus denen lässt sich wunderbar etwas bauen. Warum also nur einfach am Ufer sitzen, wenn du doch eine Wikingerbucht bauen könntest?

23

# EMOJI

Es gibt einige Blumen, die sich in wenigen Sekunden in ein Emoji verwandeln lassen. Fast verblühte Margeriten oder Sonnenblumen eignen sich besonders gut.

# STOCKBLUME

Sammle Blüten von Obstbäumen oder Blumen und steck sie auf die Enden eines Stocks. Du kannst auch verschiedene Blüten hintereinander aufstecken, wie auf einen Spieß oder aus einem Stock mit mehreren Verzweigungen einen bunten Strauß machen. Das sieht ganz toll, fast ein bisschen japanisch aus.

# SOMMER

25

# SANDBURG

Aus Sand lassen sich natürlich tolle Burgen bauen. Entscheidend für die Festigkeit einer Sandburg ist, dass der Sand beim Bauen noch sehr feucht und nicht zu grobkörnig ist.

26

# MUTPROBE

Das kitzelt so schön! Leg dich auf den Boden und lass dir die Schnecken auf das Gesicht setzen. Die Schnecken mögen das gern und „laufen“ sofort los. Nicht vergessen, Fotos davon zu machen und dann das Gesicht zu waschen!

# TROPFBURG

Direkt am Wasser, wo der Sand schwer und ganz nass ist, lassen sich Tropfburgen am besten bauen. Nimm eine Handvoll Sand und lass diesen unten aus der halbgeschlossenen Hand heraustropfen. Du wird sehen, wie toll sich so richtig hohe Türme bauen lassen.

28

# RINDENPOST

Du brauchst abgefallene trockene Baumrinde und Filzstifte. Denk dir Texte für Briefe oder Schilder o. Ä. aus und schreib sie auf die Rinde. Diese kannst du nun wieder in der Natur verteilen, verschenken oder zum Spielen benutzen.

29

# WETTRENNEN

Verseht die Schneckenhäuser ganz vorsichtig mit Startnummern und markiert eine Start- und Ziellinie. Baut euch einen Parcours aus Ästen oder Steinen, sucht euch jeder eine Schnecke aus und lasst sie in einem Rennen gegeneinander antreten. Geht vorsichtig und respektvoll mit den Tieren um!

30

# RINDENBOOT

Aus einem dickeren Rindenstück, einem kleinen Ast, einem Blatt oder Stück Papier lässt sich gut ein Boot bauen. Bring, falls nötig, das Rindenstück mit dem Messer etwas in Form und bohre in die Mitte ein Loch für den Mast. Steck den Ast als Mast hindurch, sodass er fest sitzt und fädle nun ein Segel (ein Stück Papier oder Blatt) auf den Mast. Lass dein Boot zu Wasser.

31

# BOOTSTOUR

Einmal selbst Bootfahren bringt großen Spaß! Schnappt euch einen Erwachsenen, denkt an die Schwimmwesten und los gehts. Vom Wasser sieht die Welt ganz anders aus …

# SEILSCHAUKEL

Ein dickes Seil, eine Holzscheibe mit Loch (ist das Seil dick genug, dann reicht der Knoten zum Sitzen) und einen geeigneten dicken Ast eines Baumen über einem See brauchst du für diesen großen Spaß. Die Schaukelpartie endet natürlich mit einem Plumps ins Wasser!

# STEMPEL

Frische oder getrocknete Mohnkapseln vom Klatschmohn sind perfekte Stempel. Du brauchst außerdem noch etwas Farbe, Pinsel, und Papier. Das flache Kapselende mit Hilfe des Pinsels mit Farbe bestreichen und aufs Papier drücken. Achtung: Keine Pflanzenteile vom Klatschmohn in den Mund nehmen, denn sie sind leicht giftig.

3 4

# BLUMENSCHMUCK

Aus Gänseblümchen kannst du einen Blumenkranz zaubern, indem du in die unteren Stengelenden mit dem Fingernagel einen Schlitz drückst und das nächste Gänseblümchen dadurch fädelst. Schön sind aber auch einfach zwischen die Zehen gesteckte Blüten oder Fingernägel aus Blütenblättern ...

3 5

# TROCKENBLUMEN

Besonders Strohblumen und Hortensien eignen sich zum Trocknen und Pressen, aber auch Lampionblumen, Rosenknospen, Lavendel, Schafgarbe und Heidekraut.

# SCHLAMMSCHLACHT

Am Meer ist der perfekte Platz für eine ordentliche Schlammschlacht – besonders am Wattenmeer, denn der Wattschlamm klebt wunderbar an der Haut und sieht auch getrocknet lustig aus.

37

# JUCKPULVER

Hagebuttentee oder -gelee schmecken sehr lecker.
Aber am meisten Spaß macht es, das Innere
der Hagebutte als Juckpulver zu benutzen.

38

# BEERENPERLEN

Du brauchst Vogelbeeren sowie Nadel und Faden für diesen leuchtend schönen Schmuck. Fädle die Beeren mit der Nadel auf einen festen Faden auf und knote ihn am Ende zusammen. Fertig ist das Armband oder die Kette. Übrigens: Diese Beeren sind NICHT giftig, auch wenn das immer wieder behauptet wird.

40

# NIXENSCHMUCK

Seetang und Algen sind perfekte Nixenhaare. Und die schöne Kette ist aus einem Seerosenblatt. Es gibt etwa 50 verschiedene Seerosenarten. Durch Luftkissen in den Stengeln gehen sie nicht unter. Kennst du Seerosenblüten?

# PUPPENKETTE

Aus den reifen dunklen Kernen von Äpfeln lassen sich ganz einfach tolle Ketten herstellen. Am leichtesten ist das Auffädeln, wenn die Kerne noch weich sind. Du brauchst einige Äpfel, einen festen Faden und eine Nadel. Guten Appetit und danach viel Spaß beim Tragen!

42

# BINSENBAND

Binsen leben am liebsten in der Nähe von Wasser. Binsen ist ein sehr gutes Flechtmaterial. Entferne aus einigen Binsenstengeln vorsichtig das weiche Innere. Nun kannst du dieses Innere mit grünen ganzen Stengeln verdrehen. So ein Fußband ist ein tolles Freundschaftsband!

4 3

# BEOBACHTUNG

Fülle (im April o. Mai) vorsichtig mit einer Kelle etwas Laich oder schon geschlüpfte Kaulquappen aus dem Teich mit Wasser in ein Gefäß. In den nächsten Tagen kannst du die Entwicklungsstadien gut beobachten. Nicht vergessen, den Laich bzw. die Kaulquappen nach 2–3 Tagen wieder in den Teich zurückzusetzen!

# SCHNITZEN & MALEN

Besonders gut lassen sich frische Haselruten oder dünne Weidenäste schnitzen. Du benötigst dazu nur ein Taschenmesser. Mit etwas Übung kannst du auch Muster schnitzen. Selbstverständlich lässt sich der geschnitzte Stock auch anmalen und mit Bändern schmücken!

# STOCKMANN

Um so einen lustigen Freund zu bauen, brauchst du abgefallene Äste, ein Taschenmesser und Filzstifte. Suche einen passenden Ast mit „Armen" oder „Beinen" und entferne die Rinde mit dem Messer. Dann bemalst du den Körper nach Lust und Laune und schon hast du einen eigenen Stockmann.
Oder eine Stockfrau?

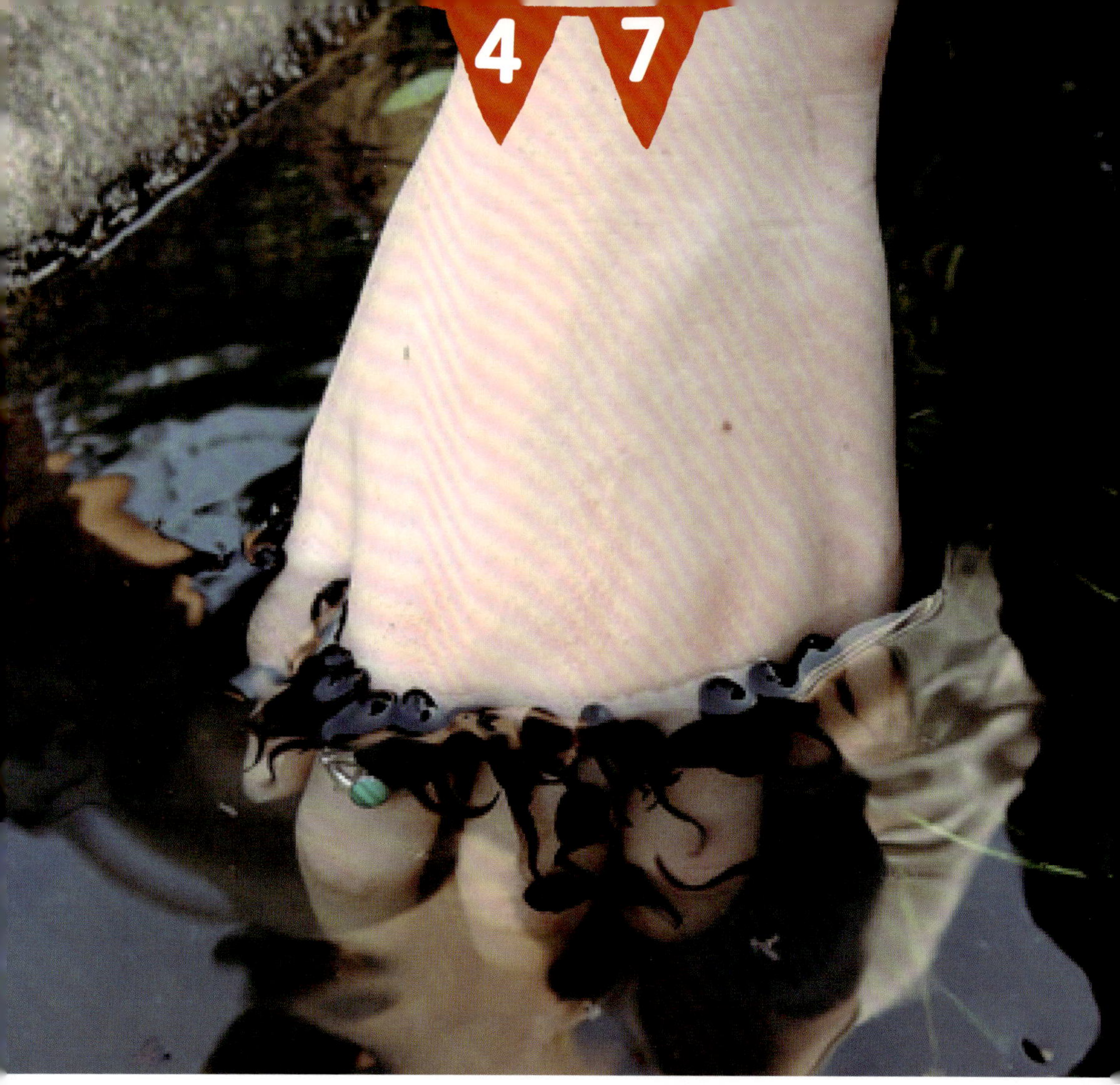

# KITZELFREUNDE

Steck doch mal deinen nackten Fuß oder deine Hand in einen Teich mit Kaulquappen. Wenn du schön still hälst, dann kommen sie und „knabbern“ an deiner Haut. Das kribbelt herrlich!

48

# STEINSPIRALE

Bist du an einem Ort mit vielen Steinen – ganz egal ob groß oder klein – dann lege eine Spirale. Das bringt nicht nur Spaß, sondern es wird jedem ganz wunderbar schwindelig, der schnell hindurch geht.

# KOKELN

Zum Kokeln brauchst du eine Lupe und vor allem Sonne. Halt die Lupe so, dass die Sonnenstrahlen auf das Glas scheinen und verkleinere den Lichtpunkt, der so entsteht, bis er ganz klein und rund ist. Dort, wo der Punkt auftrifft, wird es sehr heiß, und es beginnt zu kokeln!

50

# SANDSPUREN

Spuren im Sand zu hinterlassen, über die sich dann andere Menschen freuen oder wundern, ist eine tolle Sache. Du kannst mit einem Stock oder deinen Füßen in den Sand zeichnen oder mit Wasser Spuren gießen! Das geht gut am Meer, aber genauso gut überall wo Sand oder Erde ist.

# BEERDIGUNG

Für eine Beerdigung brauchst du natürlich ein kürzlich verstorbenes, kleines Tier. Such einen schönen Ort und grab ein Loch. Leg das Tier hinein, ohne es direkt zu berühren, und bedecke es dann mit Erde. Das Grab kannst du mit schönen Dingen aus der Natur schmücken. Händewaschen nicht vergessen!

52

# FARBKREIS

Suche nach Blüten in verschiedenen Farben und leg einen Farbkreis. Das Anordnen der Farben ist manchmal gar nicht so leicht. Probiere auch einen Farbkreis aus Blättern, vielleicht sogar nur in Grüntönen.

# 53 WASSERSPASS

Ins Wasser springen, tauchen, die Wasseroberfläche unter den Händen fühlen, Wasserkämpfe auf Papas Schultern sitzend gewinnen und noch viel mehr schöne Sachen – das ist Wasserspaß im Sommer!

# FEENBERG

Feenwelten kannst du selbst bauen. Du brauchst ein schönes Plätzchen in der Natur und Spielfiguren. Dann sammelst du alles, was du finden kannst, wie z. B. Äste, Steine, Moos und Blätter, baust eine Spielwelt und erfindest mit deinen Figuren Abenteuer!

# MINIBOOT

Du brauchst Walnüsse, Stöckchen, Blätter, ein wenig (leichte) Knete und ein Taschenmesser. Knack vorsichtig mit dem Taschenmesser die Walnüsse in zwei Hälften. Entleere die Hälften, und iss die Kerne auf. Kleb etwas Knetgummi in die Schale (nicht zu viel, sonst wird das Boot zu schwer) und steck ein kleines Stöckchen hinein. Ein Blatt als Segel und ab aufs Wasser!

# FISCHCHEN

Sammle ein paar Blätter in Form von Fischchen und male ihnen mit flüssiger Farbe oder wasserfesten Farbstiften Augen und einen Mund. Natürlich kannst du auch ein Schuppenmuster hinzufügen – das sieht bestimmt toll aus!

# HERBST

# MÄNNCHEN

Du brauchst Kastanien, einen Bohrer, eine spitze Gabel o. Ä., Streichhölzer und Filzstifte. Bohre Löcher für Arme, Beine, Hals etc. in die Kastanie und steck die Streichhölzer in die Löcher (für kürzere Verbindungen, wie beim Hals, Streichhölzer durchbrechen). Mal ein Gesicht auf die helle Fläche und fertig ist das kleine Volk. (Kastanienschalen färben, die Farbe geht beim Waschen nicht raus.)

# FUSSBAD

Ein Fußbad ist besonders lustig mit Gummistiefeln! Probiere es aus und spaziere mit deinen Gummistiefeln in den See, bis das Wasser in die Schuhe läuft. Das macht Spaß!

59

# EICHELPFEIFE

Rauchen ist doof, aber mit einer Eichelpfeife im Mundwinkel sehen wir einfach lustig aus! Den oberen Teil des Stiels kannst du auch als Teller für dein Puppenhaus benutzen und aus den Eicheln selbst Püppchen basteln.

# RINDENKETTE

Für so eine schöne Kette brauchst du abgefallene Birkenzweige, Wasser, eine Schüssel, Nadel und Faden. Ziehe die Rinde mit den Händen von den Zweigen ab, und leg sie in eine Schüssel mit Wasser, dadurch wird sie etwas biegsamer. Nach ein paar Stunden mit Nadel und Faden durchstechen und auffädeln. Binde dir die Kette um oder verschenk sie.

61

# ZEICHENFEDER

Du brauchst große Vogelfedern, Tinte, Papier und ein Taschenmesser. Zuerst den Federkiel mit dem Taschenmesser unten anschrägen, und das innere Häutchen aus dem angespitzten Kiel ziehen. Dann die Spitze vorne ca. 5 mm einschneiden, damit die Tinte gut fließen kann. Tauch die Spitze in die Tinte und versuch, damit zu zeichnen.

62

# SCHATTENSPIEL

Der Schatten ist ein tolles „Spielzeug“. Wann ist der Schatten am längsten, wann überholt er uns, und welche Figuren können wir zusammen aus unseren Schatten erfinden? Natürlich funktioniert das alles auch wunderbar im Dunkeln unter Straßenlaternen!

# BLATTSCHRIFT

Such dir einige ovale Blätter und trenn sie vorsichtig in der Mitte auseinander. Mit diesen Blatthälften lassen sich alle Buchstaben legen. Probiere doch als erstes deinen eigenen Namen aus! Helle Blätter wirken auf dunklem Untergrund am allerbesten.

# WALDGEISTER

Die Waldarbeiter hinterlassen manchmal kleine und große Baumscheiben, denen du mit Filzstiften ein Gesicht geben kannst. Ein Erwachsener kann dir auch Scheiben von einem gefundenen Ast absägen für dein Waldgeistervolk.

# STAPELTURM

Steine gehören zu den besten Spielzeugen draußen. An Wanderwegen hinterlassen Menschen Steinmännchen, also Steintürmchen, auch Steinmanderl genannt – jeder Vorbeigehende legt einen Stein dazu. Natürlich kannst du überall solche Türmchen errichten.

# FLITZEBOGEN

Für den einfachen Bogen brauchst du Weiden- oder Haselruten, Schnur und ein Taschenmesser. Such dir eine stärkere Rute für den Bogen und eine dünnere für den Pfeil. Schnitze am oberen und unteren Ende der Bogenrute rundum eine Kerbe von ca. 3 mm für die Schnur, die du um das Ende knotest. Spann den Bogen mit der Schnur und knote ihn dann um die Kerbe am andere Ende. Die Pfeilrute schlitzt du am unteren Ende ein – und los gehts!

Achtung: Niemals auf Lebewesen zielen!

# JAHRESRINGE

Jahresringe zeigen wie alt ein Baum ist, denn für jedes Lebensjahr trägt er einen hellen und einen dunklen Ring. Ist ein Baum langsam gewachsen, liegen die Ringe sehr eng beieinander. Eine der ältesten Eichen Deutschlands, die Femeiche, ist älter als 600 Jahre.

# GEWÖLLE

Alles, was vor allem Eulen- und Greifvögel nicht verdauen können, spucken sie als Gewölle (Speiballen) wieder aus. Findest du so ein Gewölle, dann nimm es ganz vorsichtig in gutem Licht auseinander. Die Funde säubern und auf ein Stück Papier legen, sortieren und bestimmen, dann weißt du z. B., was der Vogel gegessen hat!

# BLÄTTERDRUCK

Leg dir verschiedene Blätter, Pinsel, flüssige Farbe und Papier zurecht. Bemale die noch nicht getrockneten Blätter einseitig mit Farbe und Pinsel, und drücke sie mit der Farbe nach unten auf das Papier. So kannst du zum Beispiel Einladungskarten selbst gestalten.

70

# BAUMJUWELEN

Steck dir beim nächsten Ausflug ein paar Murmeln oder schöne Steine in die Taschen und drücke sie z. B. in alte Astlöcher an Baumstämmen. Stell dir vor, wie sich andere Menschen freuen, wenn sie deine Baumjuwelen entdecken!

71

# BLÄTTERKRONE

Die einfachste Blätterkrone lässt sich basteln, wenn du große stabile Blätter ineinander steckst, indem du immer den Stiel durch das nächste Blatt fädelst.

# NIXENTRÄNEN

An nahezu jedem Strand der Welt kannst du sie finden – die Nixentränen. Sie bestehen aus Glasscherben, die von Wasser und Sand rund und matt geschliffen wurden. Wenn du das Glück hast, viele zu finden, dann ordne sie in einem Farbkreis an – das sieht wirklich ganz besonders schön aus.

# FEDERSTRAUSS

Warum immer nur Blumen sammeln?
Wie wäre es mit einem Federstrauß?
Am Strand lässt sich wunderbar ein ganzer Strauß von Federn in verschiedenen Größen sammeln.

# LIBELLEN

Mit den gesammelten Samen des Ahorn und ein paar kleinen Stöckchen lassen sich ganz leicht farbenprächtige Libellen basteln. Du brauchst nur noch etwas Farbe, einen Pinsel und flüssige Klebe. Die Farbe hält am besten auf trockenen Samen.
Los geht's!

# AHORNFLÜGEL

Die geflügelten Früchte des Ahorn sind so gebaut, dass der Wind sie gut davontragen kann und die Samen so weiterverbreitet werden. Darum werden sie auch Hubschraubersamen genannt. Sie kleben übrigens wunderbar auf der Nase!

# HERZSTEINE

Steine ziehen den Menschen von jeher an. Ganz besonders herzförmige Steine. Wir sammeln sie, stecken sie als Glücksbringer in die Hosentaschen und verschenken besonders schöne Steine an Freunde.

7 7

# MALSTEINE

Mit Steinen auf Steinen zu malen, bringt richtig viel Spaß. Du solltest einfach mal verschiedene Steine dazu ausprobieren. So ein Malstein in der Tasche ist immer gut, dann kannst du jederzeit ein Hüpfspiel auf den Boden malen, wenn du gerade mal wieder warten musst.

# GRASPFEIFE

Klemm einen breiten Grashalm stramm – mit der schmalen Seite zu dir – zwischen die Daumen am oberen Ende und den Handballen am unteren Ende. Puste kräftig gegen den Halm, und zwar an der Stelle, wo neben dem Halm links und rechts etwas Luft ist. Zieh den Halm eventuell noch mal straff. Der Pfeifton ist hoch und auch weit weg zu hören. Achtung: Die Gräser können schneiden.

79

# TRÜMMERBERG

Am Stadtrand gibt es oft große Sand- oder Erdhügel. Manchmal sind es ehemalige Trümmerberge, die voller kleiner und großer Schätze stecken. Sei aber sehr vorsichtig, dass du dich nicht schneidest! Einige Dinge erzählen ganze Geschichten ...

# WETTSTREIT

Wer findet den längsten Wurm?

# WINTER

81

# WALDSCHRIFT

Solange im Wald noch kein Schnee liegt, kannst du den Waldboden nach Dingen absuchen. Zum Beispiel nach Tannenzapfen, mit denen du Schrift legen kannst. Deinen Namen vielleicht, oder eine Nachricht an den nächsten Spaziergänger. Das geht natürlich auch mit Rindenstücken oder Steinen.

# EISKUGEL

Du brauchst Luftballons und Wasser. Füll die Luftballons mit Wasser und leg sie nach draußen, bis das Wasser komplett gefroren ist. Danach entferne den Ballon. Die Eiskugeln sehen vor dem Fenster oder im Garten toll aus, und wenn die Kugeln tauen, entstehen schöne Gebilde.

# LIEBESPAAR

Schneefrauen sind mindestens so toll wie Schneemänner – zusammen sind sie allerdings am schönsten!

84

# MINIGÄRTEN

Kronkorken sind perfekte Formen für Minigärten. Mit etwas Moos, Gras oder Erde kannst du Minigärten gestalten. Vielleicht hast du sogar kleine Spielfiguren, die dort drinnen leben können?

# SCHNEEGESTALTEN

Ob rund oder eckig, groß oder klein, ob weiß oder grau – egal! Ein Schneemann ist natürlich immer schön, aber bau doch mal etwas anderes: eine Schneefrau, eine Schneefamilie, einen Schneeelefanten, einen Schneeigel – lass dir was einfallen.

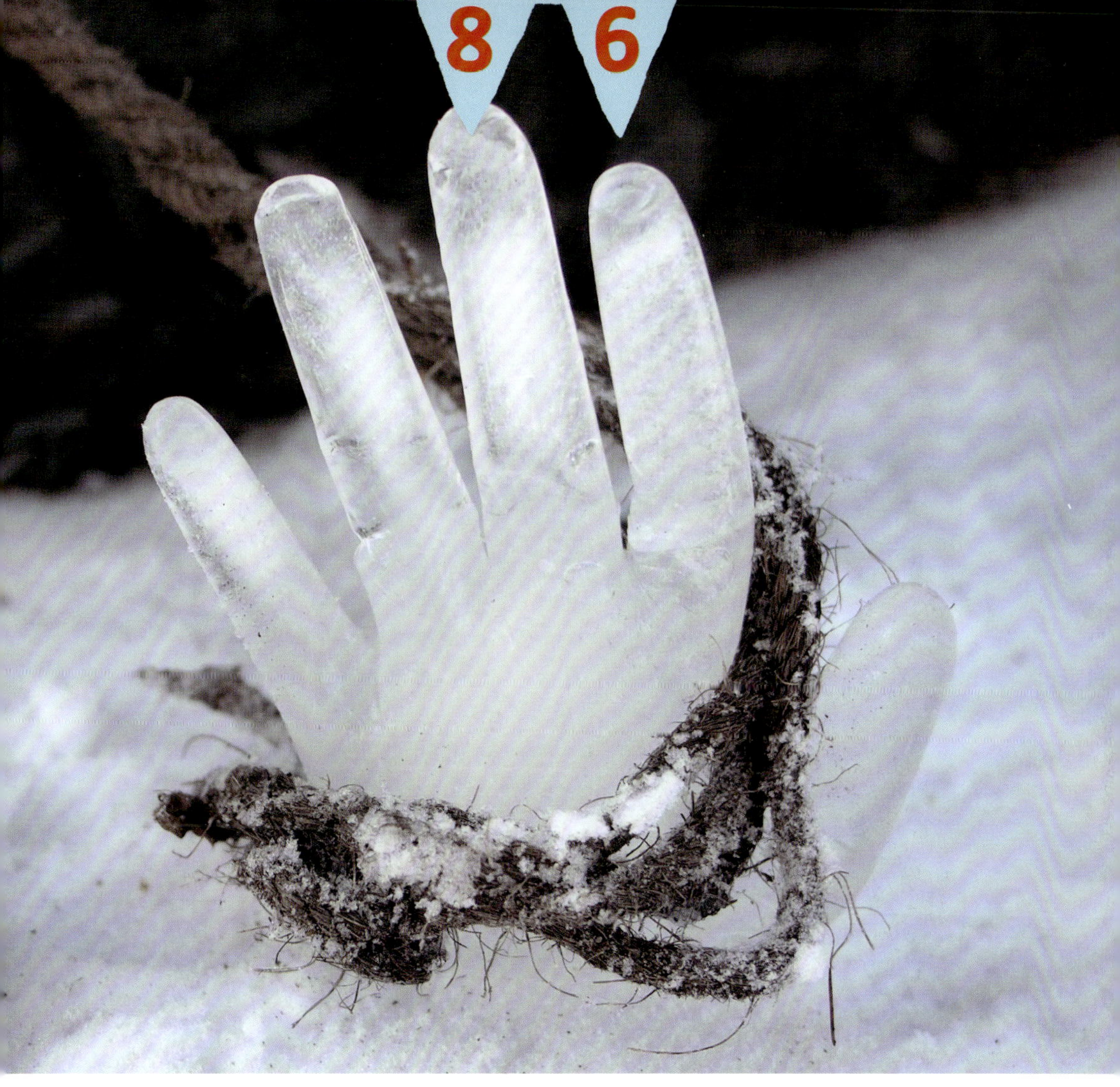

# GEISTERHAND

Nimm einen Plastikhandschuh, fülle ihn mit Wasser und leg ihn draußen. Ist das ganze Wasser gefroren, dann nimm den Handschuh ab und steck die Eishand draußen in den Schnee. Schön gruselig sieht es aus, als würde ein Eisgeist dem Schnee entsteigen!

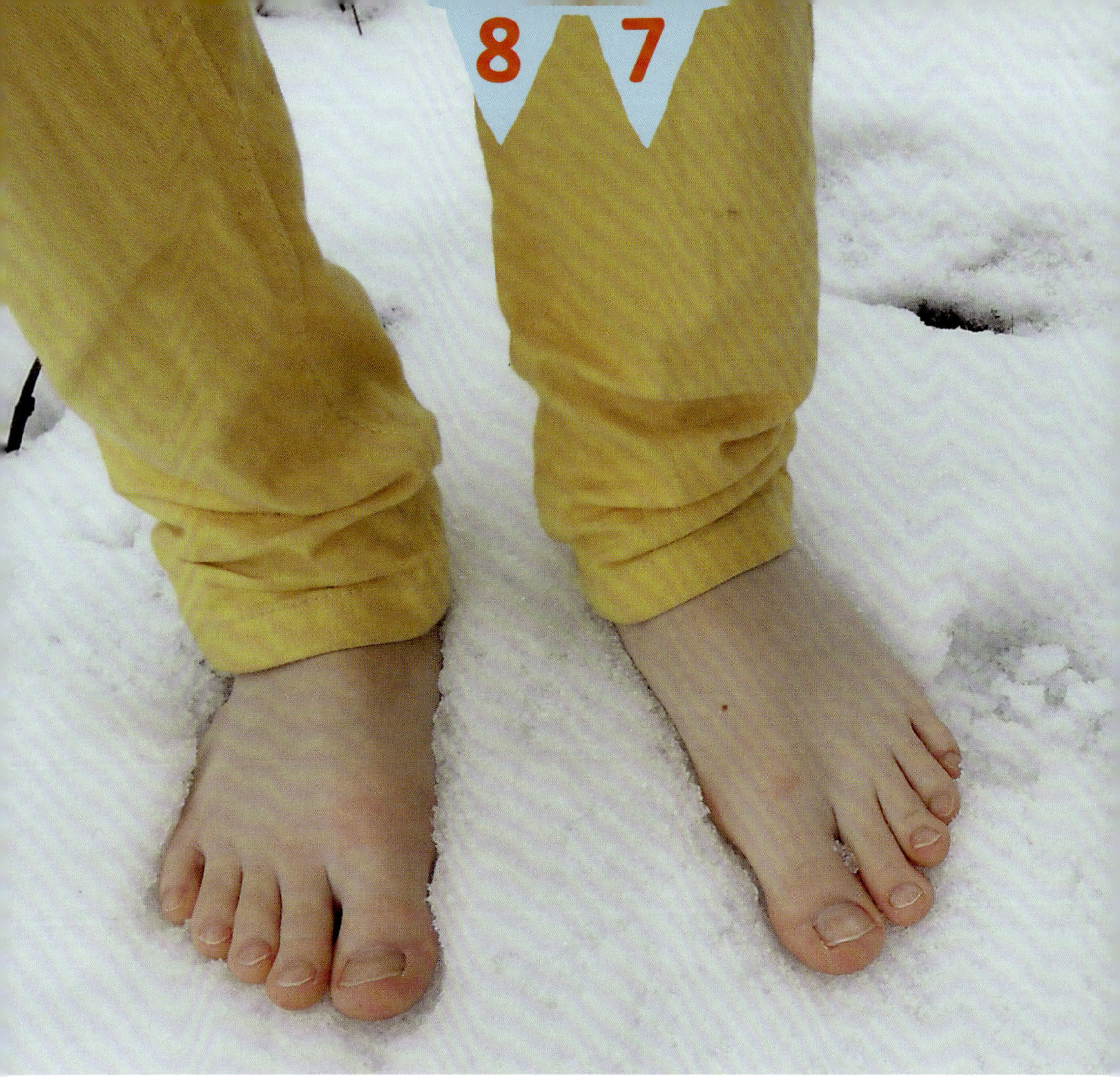

87

# SCHNEEFÜSSE

Eine Runde barfuß durch den Schnee rennen, dann die Füße abtrocknen und Strümpfe und Schuhe wieder anziehen: Das macht Spaß und ganz schnell warme Füße. Probier es mal aus.

# FEUER

Was ist schöner als ein Feuer an einem kalten Tag? Schon immer haben es Menschen genossen, gemeinsam am Feuer zu sitzen. Lass dir von einem Erwachsenen zeigen, wie Feuer sicher gemacht wird.

89

# MUSCHELWORT

Wenn sich im Winter am Meer schon nicht baden lässt, so geht Muschelnsammeln immer! Sind die Tüten voll, dann leg mit den Muscheln Wörter, mach Fotos davon für Freunde oder hinterlass Botschaften.

# QUATSCHSPUREN

Probiert aus, was für verschiedene Spuren ihr mit euren Füßen machen könnt. Hinkend, mit den Zehenspitzen nach innen gedreht, hüpfend – alles, was Spaß macht, ist erlaubt!

91

92

# SCHNEESPEISEN

Eiszapfen bilden sich aus gefrierenden Tropfen und je nach Windeinwirkung und Fließgeschwindigkeit der Tropfen sind sie spitz oder abgerundet. Es macht Spaß, Eiszapfen zu lutschen, Eis am Stil oder Schnee zu essen, aber das solltest du nur außerhalb der schlechten Stadtluft tun.

# EISSÄULE

Du brauchst leere Tetrapacks, Wasser, Lebensmittelfarbe und eine Schere. Füll die leeren Tetrapacks mit Wasser und etwas Lebensmittelfarbe. Gut durchschütteln und bei Frost nach draußen stellen. Wenn das Wasser gefroren ist, die Verpackung mit einer Schere entfernen. Die Eissäulen sehen draußen toll aus!

# SCHUTZZAUBER

Sammle kleine Zweige z. B. von Hasel, Erle, Holunder und Birke,
binde sie zusammen und häng sie ins Haus.
Das sieht schön aus und soll dein Zuhause beschützen.

95

# EISSCHWERT

Vielleicht kennst du einen Ort, an dem Eiszapfen zu finden sind? Versuche ein oder zwei abzubrechen und nutze sie als Schwert. Sie sehen magisch aus, sind aber sehr zerbrechlich.

# EISMALEREI

Überfrorene Scheiben sind wie Maltafeln. Haucht Gesichter hinein, macht Handabdrücke oder schreibt mit den Fingernägeln Wörter. Danach schnell wieder aufwärmen und Handschuhe anziehen!

97
TOTER MANN
Diese lustigen Skelette lassen sich aus einigen kleinen Stöckchen und Steinen legen. Für das Gesicht brauchst du zusätzlich noch einen Filzstift. Versuch sie auch mal tanzend zu legen!

# RIESENKUGEL & IGLU

Es gibt richtig viel Schnee bei euch? Dann seht doch mal, wer von euch die größte Kugel rollen kann! Rollt ganz viel und baut einen Wall oder ein richtiges Iglu aus einem ganz festgeklopften Schneehaufen. Helft euch gegenseitig oder lasst euch von Erwachsenene helfen, denn das ist gar nicht so einfach!

# 100

# ZAUBEREI

Die Eiskugeln, die du schon kennst, sind ganz besonders schön, wenn du Figuren, Glitzer oder Perlen mit einfrierst. So sieht sogar Tauwetter schön aus, wenn langsam die Figuren dem Eis entsteigen. Du hast noch mehr Ideen? Na, dann los!

Unser Dank geht an:

Heinke und Volker A., Hans B., Walter D., Inga und Ada D.,
Erika und Elmar D., graphicsfairy, Kim G., Hannah M., Helena R., Paula S.,
Steinzeitpark Dithmarschen, Maike, Janna und Bennet S., Silke und Jonah T.,
Annette und Lily W., Waldkindergarten Albersdorf, Rena und Carlotta Z.


Idee, Konzeption & Gestaltung: Judith Drews · Illustrationen: Lilli Baltzer

ISBN 978-3-96428-054-1
www.jacobystuart.de